로봇 자동차

이명희 글
정민호 그림

㈜자음과모음

차례

1 스스로 달리는 자동차 — 6

2 알아서 안전하게 — 14

3 모든 것을 보는 눈, 센서 — 22

4 스스로 생각하고
제어하는 자동차 — 31

5 셀 수 없이 많은 인공위성 — 39

6 커넥티드 카 — 48

7 똑똑한 도로 — 56

8 스마트 주차장 — 67

9 로봇이 배달하는 떡볶이 — 75

10 스마트 시티로 가자! — 83

작가의 말 — 96

스스로 달리는 자동차

와, 저 멋진 자동차 좀 봐!
"누구 자동차지? 누가 운전하는 걸까?"
세상에!

없어!
운전하는 사람이 없어!

"그럼 운전석에 누가 있는데?"

운전석에는 아무도 없어.

"자동차는 가고 있는데? 저 자동차는 어떻게 굴러가고 있는 거야?"

저길 봐! 뒷자리에 사람이 있어. 심지어 자고 있잖아?

"그 옆에 있는 사람은 책을 읽고 있어. 운전은 누가 해? 설마 유령이 타고 있을까? 아니면 초능력?"

옛날 사람들은 진짜 유령이 자동차를 움직인다고 믿었지.

"옛날?"

1925년 미국 뉴욕에 '팬텀(phantom) 카'가 처음 등장했을 때만 해도 말이야.

"팬텀이면 유령 아니야?"

팬텀 카의 비밀은 뒤따라가는 다른 자동차가 무선으로 조종한다는 거야.

"그럼 저 자동차는 어떻게 가는 거지?"

**저 자동차는 지금
자율 주행 중이거든!**

**자율 주행차는
운전자가 직접
운전하지 않아도
알아서 목적지로 가.**

"알아서 간다고?"

그럼. 심지어 사람보다 운전도 더 잘해. 더 안전하고 편리하지. 자동차 사고가 날 걱정도 없어. 무서운 음주 운전, 과속 운전, 보복 운전은 사라지고 교통 신호를 어기거나 끼어들기를 하는 일도 없을 거야.

"정말 놀라운데?"

대단하지?

"어떻게 그런 일이 가능해?"

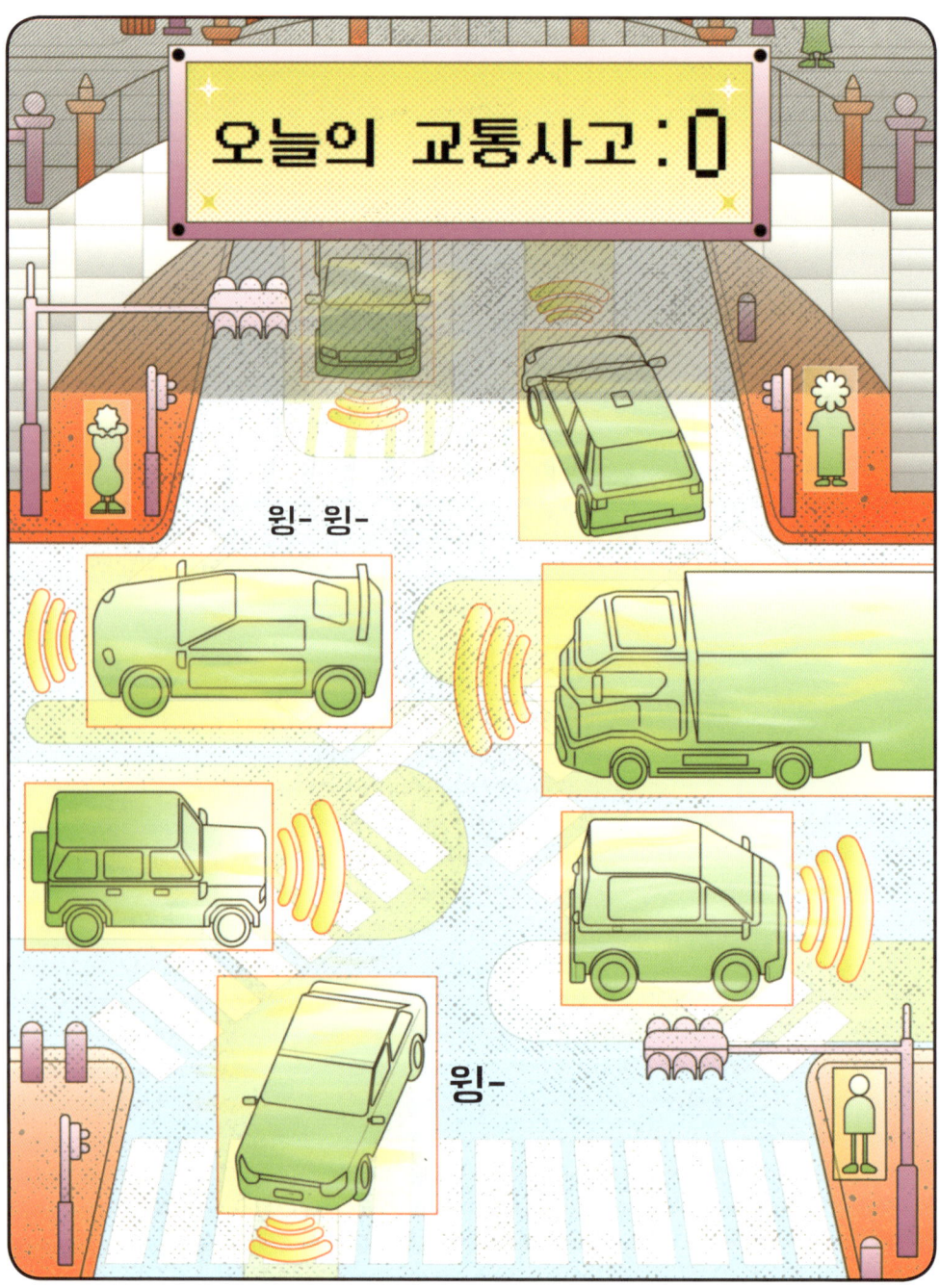

> **자율 주행은
> 바퀴 달린 인공지능이거든.**

설마 인공지능 로봇이 운전자가 되는 상상을 하는 거야?
자율 주행의 목표는 운전자가 완전히 필요 없는 거야.

**운전자가 없는 자동차
말만 하면 가는 자동차
바로 스스로 달리는 자동차!**

미래에는 자율 주행차가 거리를 누비게 될 거라고!
"미래에는 운전을 못해도 되겠네?"
그럼! 운전면허 시험도 사라질 거야. 면허도 필요 없지.

"나도 운전할 수 있을까?"

글쎄, 한번 상상해 볼 만해. 나라마다 자율 주행 법이 달라서, 어떤 나라에서는 학생도 자율 주행차를 몰 수 있겠지? 왜냐하면 운전하지 않아도 되거든.

"너무 좋은데? 많은 사람의 생활이 편리해지겠다!"

맞아. 확실한 건 몸이 불편한 사람, 눈이 침침한 할머니와 할아버지, 그 밖에 운전하지 못하는 모두가 자유롭게 이동할 수 있는 세상이 올 거야!

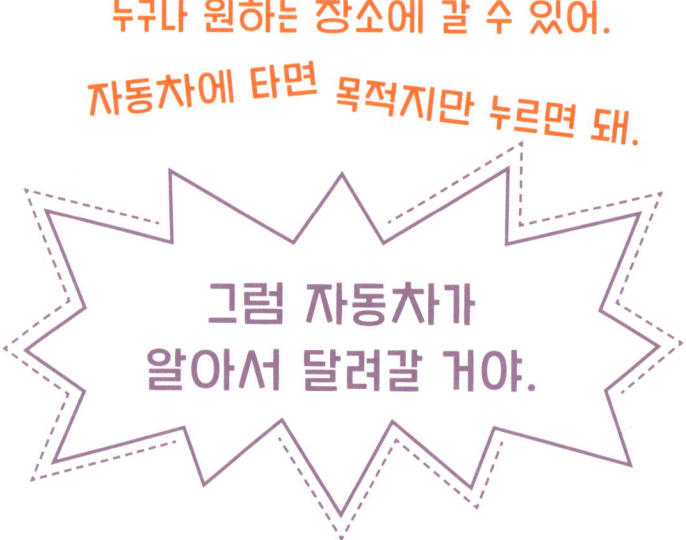

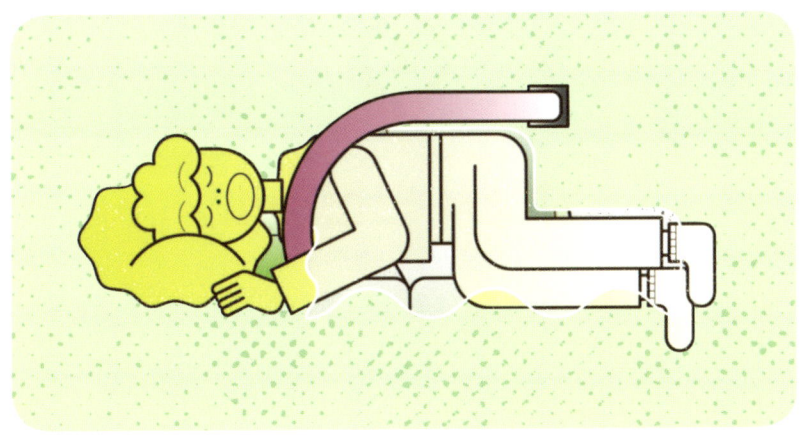

 운전은 자율 주행차에 맡겨 두고, 집중해서 책도 읽고 회의도 하고 다양한 게임도 즐기는 거야! 아름다운 바깥 풍경도 즐기며 이동 시간을 누릴 수 있지.

 너는 자율 주행차를 타면 무얼 하면서 시간을 보낼래? 공부? 게임?

 "나는 잠을 더 잘래……. 자도 자도 또 졸리거든."

 넌 잠이 참 많구나!

알아서 안전하게

자율 주행차도 기술별로 단계가 나뉘어 있다는 거 알아?

"헉, 몇 단계로 나뉘어 있어?"

0단계에서 5단계까지, 총 6단계로 나뉘어 있어. 지금 우리가 보는 자동차, 운전자 없이 알아서 안전하게 가는 자율 주행차는 완전 자율 주행 5단계야! 운전하는 사람이 없어도 시스템이 모두 알아서 해 줘.

5단계에는 자동차를 조종할 운전대, 브레이크 같은 것들이 다 필요 없어. 운전하지 않으니까!

"아하, 자율 주행차가 알아서 주행한다는 건 알겠어. 그런데 또 다른 장점이 있을까?"

물론이지! 자율 주행차를 타면 정말 다양한 장점이 있어.

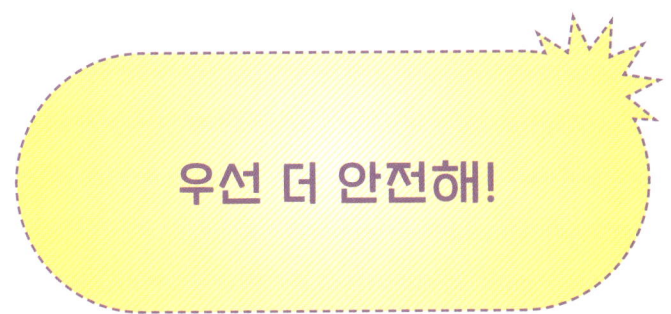

우선 더 안전해!

자율 주행차는 운전자 대신 인공지능이 운전한다고 보면 돼. 우선 인공지능은 센서들이 수집한 데이터를 분석하고 계산해. 그렇게 계산한 값으로 주변 상황을 알아채고 사고를 막는 거지.

"자율 주행차에 센서가 있어?"

그럼. 센서는 자율 주행차의 눈이야. 자율 주행차에는 사람의 눈과 같은 역할을 하는 센서가 여러 개 있어서 아주 안전하지.

센서에 관해서는 뒤에서 더 자세히 말해 줄게! 이렇게 센서와 인공지능 기술로 탑승자는 더 안전하게 목적지로 갈 수 있는 거야.

"인공지능이 사고를 막는다면, 길이 막히는 일도 줄어들겠네?"

빙고!
교통 효율성이 늘어나.

인공지능은 실시간 교통 상황을 분석해서 가장 빠르게 갈 수 있는 길로 자율 주행차를 안내해. 교통 체증이 줄어서 모든 자동차가 쾌적하게 다닐 수 있어. 모두 더 빠르게 목적지에 갈 수 있겠지?

운전하기 힘든 사람 누구나 쉽고 간편하게 이동할 수 있다고?

자율 주행차를 이용할 때 가장 좋은 점은 몸이 불편한 사람, 다양한 이유로 운전하기 어려운 사람 모두 원하는 곳에 갈 수 있어. 자유롭게 이동할 기회를 얻는 거라고!

몸이 불편하거나 제약이 있는 사람들은 늘 누군가의 도움을 받아 이동해 왔어. 이동 수단 대부분이 비장애인에게 맞춰져 있거든. 특히 출퇴근 시간처럼 많은 사람이 붐빌 때는 어디 갈 생각조차 하기 어려웠지.

이제는 누구도 차별받지 않고 안전하고 편리하게 이동할 수 있어. 자율 주행차로 '이동권'이 보장되는 거야.

또 자율 주행차에 타면 직접 운전을 하거나 운전에 집중할 필요가 없어.

이동 시간을 더 효율적으로 쓸 수 있지!

이동하는 시간에 남은 숙제를 해결하거나 영상을 보는 거야. 노트북으로 코딩을 할 수도 있지. 흔들림 없이 편안하게 이동하니까 다양한 활동을 할 수 있어.

이제 자동차 기능의 중심은 운전이 아니라 이동이야! 누구나 알차고 보람 있는 시간을 보낼 수 있지.

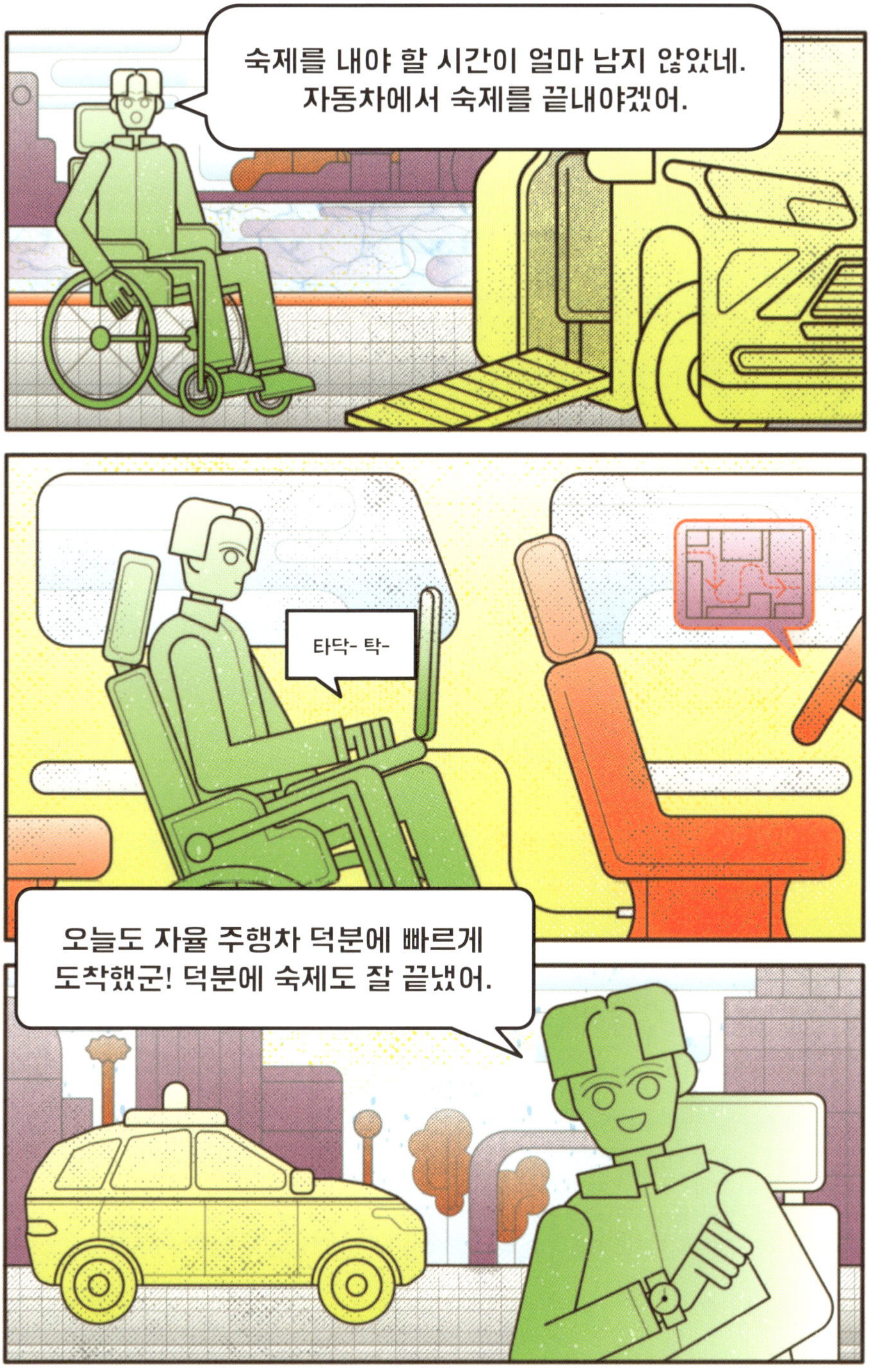

무엇보다 자율 주행차를 이용하면 환경을 보호할 수 있어.

자율 주행차는 대부분 전기차를 이용해. **전기차**는 전기 모터로 바퀴를 움직이고, 전기의 힘으로 움직이는 차량이야.

내연 기관차는 연료를 태워서 가니까 배출 가스가 나와. 배출 가스는 대기를 오염시키지. 전기차는 그런 걱정이 훨씬 적어!

"그럼 자율 주행차가 대부분 전기차인 이유는 환경 때문인 거야? 내연 기관차에 자율 주행 기술을 적용하기 어려울까?"

내연 기관차에도 자율 주행 기술을 적용할 수 있어.

다만 전기차가 여러 면에서 자율 주행 기술을 적용하기 더 알맞아.

자율 주행차가 움직이려면 많은 센서와 에너지 전력이 필요한데, 이를 전기차가 더 효율적으로 사용하기 때문이야.

또 전기차가 내연 기관차보다 제어가 빨라. 전기차 모터가 내연 기관차의 엔진보다 가볍고 부품 수도 적어서 빠르게 정지해. 충돌을 피해야 할 때 더 유리하지.

전기차는 주로 전기 부품을 쓰는데, 전류와 전압을 이용해서 차량의 고장을 빠르게 파악해. 또 자율 주행차는 운전하는 사람이 없으니 고장을 빠르고 정확하게 알아내는 게 무척 중요하겠지?

수소를 연료로 사용하는 **수소 연료 전지차**도 있지만, 전기차를 더 많이 사용해. 전기차가 자율 주행 기술을 쓰기에 더 알맞고, 전기차의 충전 비용이 수소 공급 비용보다 더 싸거든!

자, 어때? 자율 주행차의 좋은 점이 무척 많지? 환경을 보호하고 우리를 더 편하게 하는 자율 주행차는 우리 생활의 많은 부분을 변화시킬 거야!

모든 것을 보는 눈, 센서

"자율 주행차는 어떻게 스스로 달리는 걸까?
자동차에 눈이라도 달린 거야?"

눈? 맞아! 사람의 눈과 같은 역할을 하는 **센서**가 필요해. 이제 사람의 힘보다는 정확한 센서가 더 도움 될 거라고!

다양한 종류의 센서가 있는데, 크게 보면 레이더(radar)와 라이다(ridar) 그리고 카메라(camera)가 있어. 이름이 비슷하지? 헷갈리지 마! 그 셋이 하는 역할은 비슷해 보여도 기능과 생김새는 완전히 다르거든.

지금부터 잘 들으면, 자다가도 센서들의 차이점이 생각날 거야.

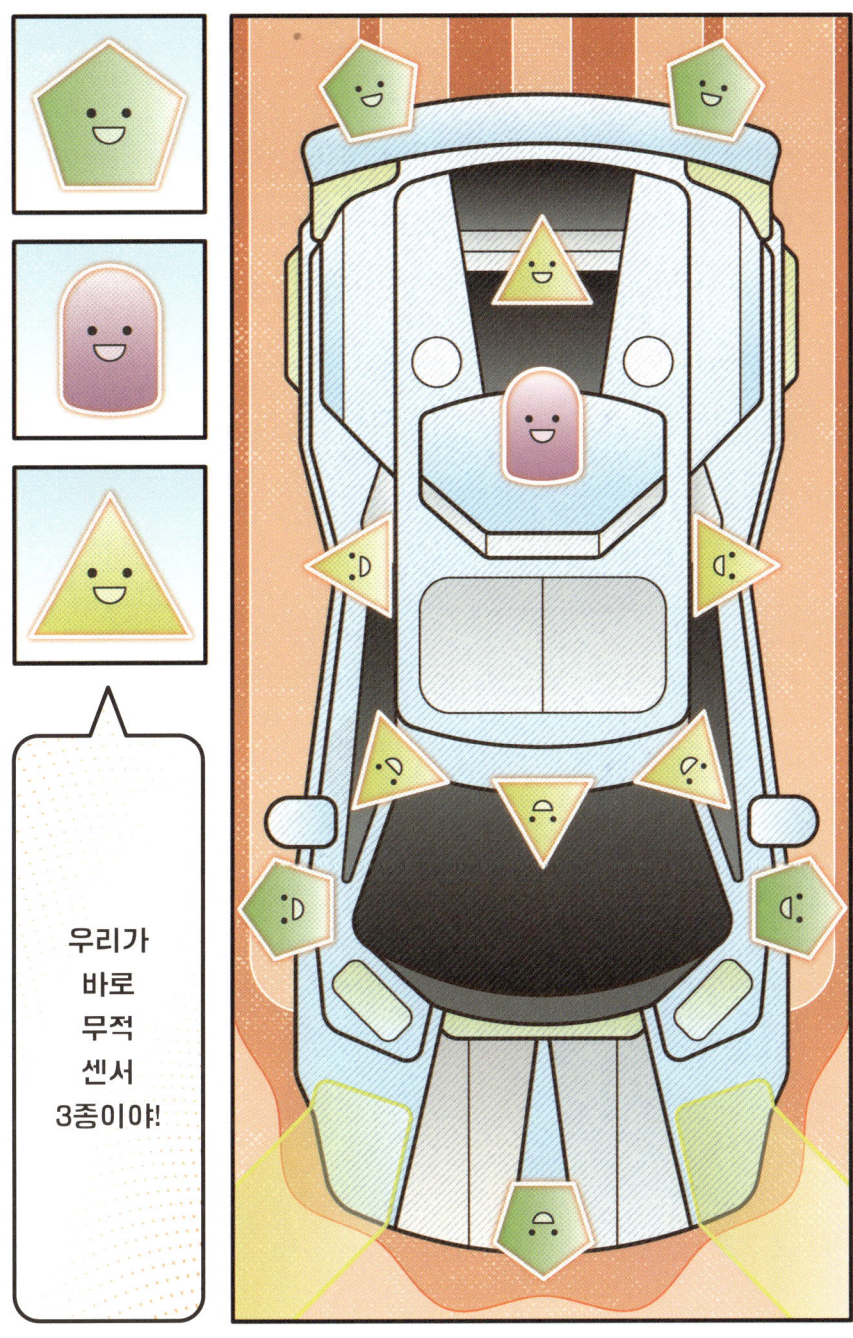

레이더는 전파를 발사해 전파가 물체에 부딪혀 반사되어 돌아오는 시간 차이를 재서 물체를 알아보는 장치야.

 레이더는 길을 걷는 사람과 다른 자동차의 움직임, 속도를 보고 있어. 그뿐만 아니라 자동차와 자동차 사이 거리를 재고, 멈춰 있는 물건의 크기도 알아봐.

 여기서 퀴즈! 레이더는 궂은 날씨에도 운행하는 항공기와 전투기에도 쓰이는데, 그 이유가 뭘까?

 "음, 레이더가 날씨의 영향을 받지 않아서?"

 비슷해. 레이더는 **빛**의 영향을 받지 않아.

 빛이 덤벼도 끄떡없어. 특히 비와 눈이 많이 내리거나 미세먼지가 가득한 열악한 환경에도 먼 거리까지 알아볼 수 있어.

 게다가 라이다와 비교했을 때, 가격이 더 싸고 작동 시간도 길어.

 "그럼 레이더가 센서 중에 가장 좋은 거야?"

아니, 레이더에도 단점이 있어! 레이더는 물체의 자세한 구조나 모습을 알기는 어려워. 그래서 자세한 모습을 알기 위해 다른 센서와 함께 쓰는 경우가 많아.

예를 들어, 레이더로 물체의 움직임이나 속도, 거리를 재면, 광학 카메라로 물체의 정확한 모습을 찍고 분석하는 거지.

"오, 레이더와 카메라를 같이 쓰면 다 알아볼 수 있겠네. 그럼 라이다는 필요 없는 거 아니야?"

라이다도 레이다 못지않게 중요해!

라이다는 빛을 이용해서 물체를 알아보는 장치야. 정확히는 적외선 레이저를 이용하지.

라이다는 **레이저**를 물체에 쏴서 반사되어 돌아오는 시간을 측정해서 물체의 다양한 특성을 파악해. 고출력 레이저를 360도로 쏘며, 우리 눈보다 넓은 범위로 차량, 도로, 건물, 사람 등을 알아봐. 더 구체적인 사물의 형태를 인식할 수 있지. 정밀도와 완성도가 높은 기술인 만큼 자율 주행차의 **핵심 부품**이야.

게다가 라이다는 레이더에 비해 작은 물체도 감지하는 장점이 있어. 특히 사물을 3D로 보여줘서 정확도가 높아져!

"오호, 라이다를 달면 자동차가 훨씬 안전하겠네!"

맞아. 라이다는 레이더처럼 멀리 있는 곳의 물체를 측정하는 대신 100미터 미만에 있는 물체 형상과 위치를 더욱 정확하게 보여줘!

"그럼, 라이다도 단점이 있을까?"

아쉽게도 라이다의 가장 큰 단점은 무지무지 비싼 가격이야.

조금씩 가격이 낮아지고 있지만, 아직은 비싼 가격이 가장 큰 흠이야.

"헉, 경찰차가 다가오고 있어!"

라이다를 보고 오해했구나. 멀리서

보면 꼭 경찰차 같지? 라이다는 주로 자동차 위쪽이나 앞쪽에 붙어 있어.

자동차의 기능도 중요하지만 디자인도 중요하잖아? 예쁘지 않은 자동차는 싫지. 그래서 자동차 회사는 라이다를 어떻게 꾸밀지 고민이 많아. 하지만 기술이 더 발전한다면 라이다 모양은 점차 변할 거야.

작고 예쁘고 강력한 라이다! 새로운 라이다의 모습, 기대

되지 않아?

이제 세 번째 센서에 관해 알려 줄게. 세 번째 센서는 지능형 카메라 센서야.

"카메라가 센서야?"

응! 근데 네가 알고 있는 일반 카메라와는 조금 달라.

지능형 카메라 센서는 카메라 렌즈로 주변 사물의 형태와 색상을 알아보고 상황을 인식해.

카메라 센서는 실시간으로 도로의 표지판, 차선, 신호등, 보행자, 차량 등의 이미지를 수집해서 데이터를 모아. 인공지능은 그 데이터를 분석해서 어떤 물체인지 알아낸 뒤에 자율 주행차가 안전하게 다닐 수 있도록 도와줘. 사물의 형태를 정확히 파악하는 게 카메라 센서의 가장 큰 장점이야.

게다가 다른 센서보다 카메라 센서가 가장 값이 싸. 그래서 대량 생산과 보급이 쉬워!

"카메라 센서도 단점이 있어?"

물론 있지. 카메라는 물체와의 거리나 속도 등을 정확히 잴 수는 없어.

또 카메라 센서는 렌즈로 이미지를 수집해서 날씨의 영향을 많이 받아. 밤이나 어두운 곳에서는 곤란해. 희미한 신호등이나 깨진 표지판 등을 잘못 알아볼 가능성도 있어!

레이더, 라이다, 카메라 센서 각각 잘하는 것과 못하는 게 있지? 그래서 세 개의 센서를 알맞게 함께 쓰면, 각 센서의 장점을 키우고 단점은 줄일 수 있어.

**움직임과 거리, 속도를 재는 능력
어두운 환경에서 보는 능력
물체를 더 정확히 보는 능력**

이렇게 좋은 점만 모아 쓸 수 있어!

"센서가 모두 모이면 정말 최고의 눈이 되겠는걸?"

자율 주행차는 사람의 생명과 직접 연결된 이동 수단이야. 도로 위 모든 사물의 정보를 모으고 파악하는 일이 정말 중요해. 그걸 돕는 게 뭐라고 했지?

"정답. 센서!"

빙고!

스스로 생각하고 제어하는 자동차

"정말 대단해. 자율 주행차가 알아서 속도를 낮추고 방향을 변경하잖아. 어떻게 모두 알아서 할 수 있는 거지?"

인공지능이 도움을 주니까!

자율 주행차는
스스로 인지하고 판단해서
움직임까지 제어할 수 있어.

자율 주행차에 달린 센서들이 이러한 과정에 먼저 도움을 줘.

"자동차의 눈이 되는 레이더, 라이다, 카메라?"

맞아! 센서가 주변 상황을 모두 인지해. 건널목, 터널처럼 고정된 표지는 물론이고 움직이는 차량이나 보행자, 신호등 그리고 차선까지 전부 살펴야 해. 실시간으로 쉴 새 없이 정보를 수집하거든.

"센서는 정말 바쁘겠다. 그렇게 데이터를 모아서 그다음에는 어떻게 해?"

정보를 모은 다음에 무얼 하냐고?

다양한 센서로 도로 위의 모든 데이터를 모으면, 인공지능은 자율 주행차가 어떻게 움직여야 할지 아주 빠르게 생각하거든. 그걸 **판단**이라고 해.

"판단을 잘해야 할 텐데?"

물론이지! 그래야 사고도 나지 않고 빠르게 갈 수 있어. 자율 주행차의 핵심은 바로 사람의 뇌에 해당하는 인공지능 컴퓨터야. 이때 활용하는 기술이 바로 **딥 러닝**이지!

> **딥 러닝은 한마디로
> 컴퓨터가 인간의 뇌처럼 스스로
> 학습하는 방법을 모방한 거야.**

딥 러닝은 사람이 따로 가르치거나 프로그램을 넣지 않아도 인공지능이 많은 데이터를 스스로 분석하고 학습하는 기술이야. 인공지능은 데이터가 쌓이면 쌓일수록, 딥 러닝으로 학습하면 할수록 똑똑해져. 그럼 더 안전해지지!

"와, 진짜 대단하다. 딥 러닝에 관해 더 알려 줘!"

딥 러닝은 처음에 어려움이 많았어. 쓸데없는 정보가 너무 많았거든. 그러다 드디어 사람의 뇌를 흉내 낸 프로그램을 개발한 거야!

딴딴딴, 그 이름은 바로 **인공 신경망 프로그램**! 뇌 신경 세포들의 반응을 연구하고 본떠서 만든 방식이지. 그게 바로 딥 러닝이야. 인공지능은 입력한 정보를 스스로 조합해서 가장 좋은 결과를 찾아내.

"오! 그렇게 판단한 다음에는?"

뇌에서 판단했으니 몸을 빌려야지. 이때부터는 자동차를 움직이는 도구에 판단을 전달해. 이게 **제어 기능**이야.

> 자율 주행차가 어디로,
> 어떻게 가야 할지 조향 장치와
> 액추에이터가 도울 거야.

조향 장치와 액추에이터는 사람 몸의 신경, 근육과도 같다고 할 수 있어.

"조향 장치? 액추에이터? 그게 뭔데?"

쉽게 설명해 줄게! **조향 장치**는 자동차가 가야 할 방향을 조절하는 장치야. 간단하게 자동차가 왼쪽과 오른쪽으로 움직일 수 있도록 돕는 역할을 해. 운전자가 핸들을 돌리면 바퀴가 움직여서 원하는 방향으로 갈 수 있지. 그래도 헷갈린다면 지금 머릿속으로 자전거를 상상해 봐!

"자전거에도 조향 장치가 있어?"

그럼! 네가 자전거를 타고 있는데, 왼쪽 길로 가고 싶다고 생각해 봐. 자전거 핸들을 왼쪽으로 돌리면 자전거 앞바퀴의 방향이 바뀔 거야. 자동차의 조향 장치도 비슷해. 예를 들어, 인공지능이 차선을 인식하고 경로를 분석해서 방향 변경을 요청하면, 조향 장치가 적절한 차선으로 방향을 변경할 수 있어.

"그럼 액추에이터는 어떤 역할을 해?"

액추에이터는 우리의 명령을 듣고 자동차 기능의 실제 움직임을 만들어 내는 장치야! 액추에이터는 다양한 역할을

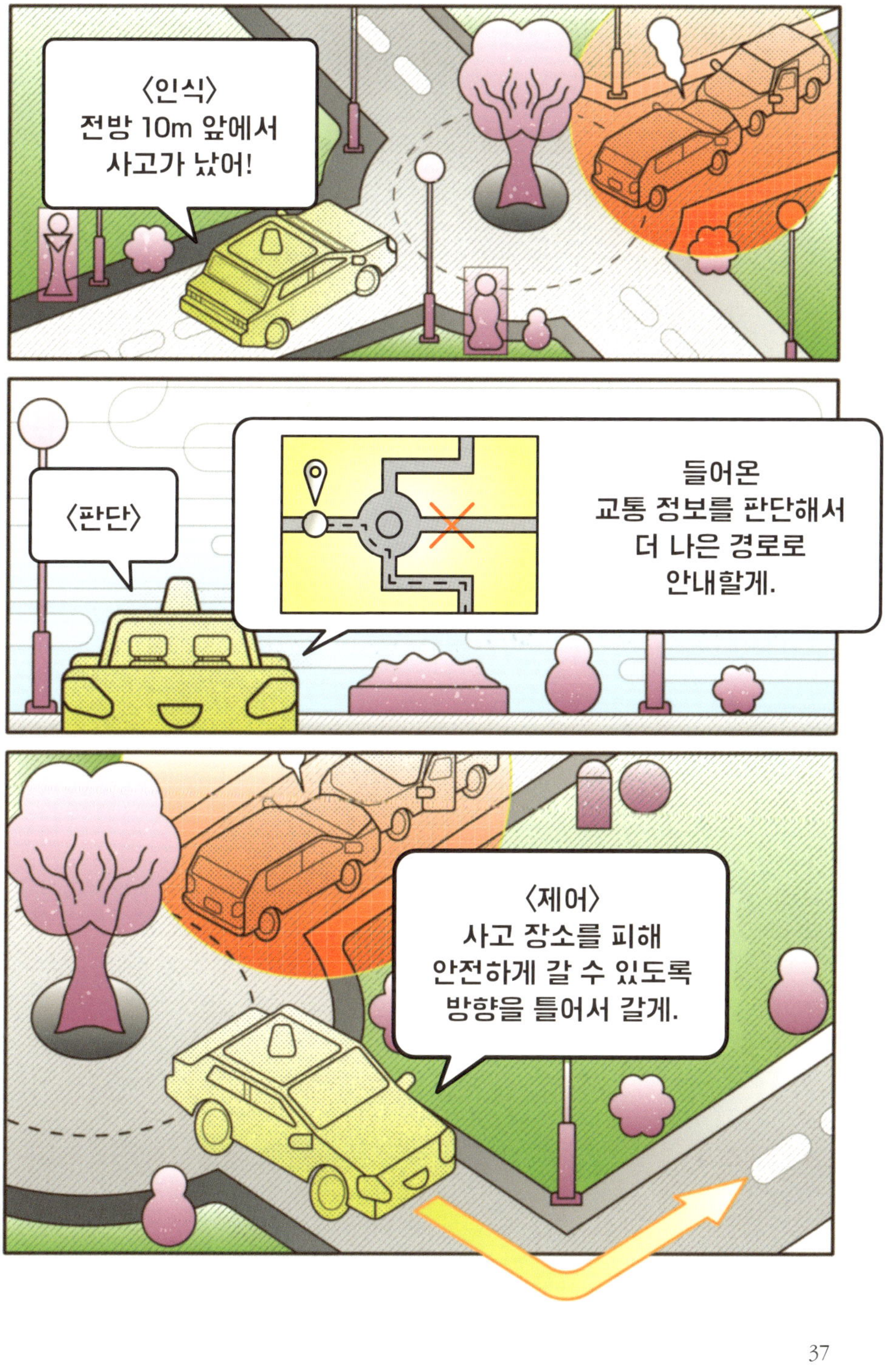

하고 있어.

예를 들어 네가 자동차 창문을 내리고 싶어서 버튼을 누른다고 생각해 봐. 버튼을 누르면 창문은 내려갈 거야. 이때 창문이 내려가도록 실제 움직임을 만들어 내는 게 바로 액추에이터야.

자동차가 멈춰야 하는 상황에서도 비슷해. 브레이크 페달을 밟으면 브레이크 액추에이터가 자동차 시스템에 정지 신호를 전달해. 그럼 자동차가 재빠르게 멈추게 되는 거지.

"꼭 리모컨 같아! 텔레비전을 볼 때 리모컨 버튼을 누르면 채널이 바뀌고, 소리를 키우거나 줄일 수 있잖아."

좋은 예시야. 그 과정은 자동차의 액추에이터가 움직임을 만들어 내는 과정과 아주 비슷해.

지금까지 했던 이야기를 정리해 보자. 센서가 도로 상황을 인식하면, 인공지능이 분석하고 판단해서 명령을 내려. 그럼 조향 장치와 액추에이터가 동작을 수행하며 자율 주행차의 움직임을 제어하는 거야!

자율 주행차가 **인식, 판단, 제어 하는 과정**을 보니 어때? 이제 어떻게 자율 주행차가 스스로 달리는지 알겠지?

셀 수 없이 많은 인공위성

하늘을 봐. 뭐가 보여?

"슈우웅, 로켓이 올라가네?"

저건 인공위성을 싣고 가는 로켓이야!

지구를 둘러싼 인공위성을 봐. 정말 많지? 더 안전하고 정확한 자율 주행 기술을 개발하기 위해 기업들이 하나둘 참여하고 있어.

이제 자동차 회사의 관심은 우주야!

"헉, 인공위성이 이렇게 많다니! 그런데 자동차 회사에서 인공위성을 많이 보내는 이유가 뭐야?"

자율 주행차의 위치를 빠르고 정확히 찾기 위해서야. 특히 저궤도 위성은 지구 가까이에서 빠르게 돌기 때문에 더 정확한 정보를 빨리 얻을 수 있어.

"지구 가까이에서 빠르게 돌면 더 정확한 정보를 빨리 얻을 수 있어?"

지금 머릿속에 지구를 떠올려 봐. 지구는 엄청 거대하지? 정보를 빠르게 얻으려면 아주 빠르게 돌아야 할 거야. 지구가 운동장이고 달리기 시합을 한다고 생각해 보자. 빠른 사람과 느린 사람 중 누가 더 많은 정보를 모아 올까?

"더 빠른 사람?"

빙고! 저궤도 위성이 지구 가까이에서 도는 이유도 비슷해. 우리가 개미를 관찰한다고 생각해 봐. 멀리서 보는 것보다 가까이에서 관찰할 때 개미가 더 자세히 보이지? 저궤도 위성도 마찬가지야. 지구 가까이 돌면서 더 정확한 정보를 얻는 거지.

"완벽히 이해했어. 저궤도 위성의 좋은 점이 더 있을까?"

그럼 있지. 자동차 회사가 저궤도 위성을 쏘아 올리는 데는 다양한 이유가 있어. 자율 주행차는 운전자가 없으니 알아서 모든 정보를 모으고 판단해서 주행해야 해. 그만큼 정보를 빠르게 업데이트해야겠지?

자율 주행차는 저궤도 위성 덕에 늘 최신 정보를 바탕으로 도로 위를 달릴 수 있어. 만약 자율 주행차가 길을 잘못 들어도 걱정할 필요 없어. 저궤도 위성이 보내 주는 최신 정보로 새로운 길을 탐색해서 주행하거든.

"궁금한 점이 생겼어. 저궤도 위성이 도움을 주는 건 알겠는데, 그렇게 인공위성이 많이 필요해? 지금도 자율 주행차는 충분히 잘 달리고 있잖아."

좋은 질문이야. 도심지역은 문제가 없지만, 통신이 잘되지 않는 외딴 지역은 문제가 많이 생겨. 특히 자율 주행차로 이동할 때 말이야.

"통신이 잘되지 않는 지역이라면 음, 사람이 살기 힘든 사막? 인적이 드문 오지 혹은 알래스카? 설마 그런 곳들을 말하는 거야?"

맞아. 상상해 봐! 드넓은 초원 어딘가에서 차가 갑자기 멈춰 섰어. 만약 정글 한가운데서 네가 갑자기 고립된다면?

도와달라고 메시지를 보내야지! 긴급 상황임을 재빨리 알려야 해. 소리쳐 봐야 소용없어. 자동차의 위치와 목적지를 정확히 알려야 구조될 수 있어.

"위치와 목적지를 어떻게 알릴 수 있을까?"

GPS를 이용해야지!

"GPS가 정확히 뭐야? 많이 들어 본 거 같은데."

**GPS는
인공위성을 이용해서
지구상의 다양한 위치를
파악하는 기술을 뜻해!**

아까 수많은 인공위성을 봤지? 그중에는 GPS 위성도 있어. GPS 위성은 조용히 신호를 보내고 있어. 자율 주행차에 있는 단말기가 이 신호를 받아서 우리가 어디 있는지 수학 공식처럼 계산하는 거야. 이제 우리가 어디에 있는지 정확히 알았으니, 긴급 상황임을 알릴 수 있겠지?

　　　　　만약 단순히 길을 잃은 상황이라면, 인공위성이 보내는 신호와 자율 주행차의 GPS가 연결되어 우리가 가야 할 방향을 결정해. 그러면 자율 주행차가 다시 목적지를 설정해서 주행하는 거지.

　언젠가 인공위성이 너를 살릴 동아줄이 될지도 몰라! 우리 눈에는 보이지 않지만, 인공위성이 보내는 신호가 동아줄 같은 역할을 할 거야.

　"정말 대단해! GPS는 또 어떤 도움을 줘?"

　자율 주행차에 설치된 GPS는 다양한 GPS와 정보를 실시간으로 주고받으며, 현재 도로와 주변 환경 그리고 지리 정보를 파악해. 자율 주행차는 이 정보들을 모두 분석해서 더 효율적인 경로로 주행할 수 있는 거야.

　"GPS가 그 많은 정보를 모두 수집한다는 거야?"

　좋은 질문이야! GPS가 모든 정보를 모으기는 어려워. GPS는 여러 센서와 다양한 기술과 데이터 정보를 주고받으며 자율 주행차가 곧바로 주행

판단을 내릴 수 있게 도와줘.

미래에 도로 위를 달리는 모든 것은 서로 활발히 대화할 필요가 있어!

자동차와 자동차, 자동차와 도로, 자동차와 신호등이 정보를 실시간으로 서로 공유해야 해! 대화가 잘 통해야 사고를 막아.

이렇게 자율 주행차가 활발히 대화하는 걸 도와주는 게 바로 **인공위성**과 **GPS**야!

이야기를 들으니 어때? 자율 주행차에게 인공위성은 물론 GPS의 역할도 아주 중요하겠지?

커넥티드 카

타이어에 결함이 있대. 자동차에 타기 전에 점검해 볼까?

"좋아. 타이어를 한번 보자."

헉, 정말 뒷바퀴에 흠이 있네. 미리 타이어를 점검하지 않았다면 큰일이 일어났을지도 몰라.

"그런데 누가 알려 준 거야? 옆에는 아무도 없는데."

이게 다 자동차가 알려 준 덕분이야

"자동차에 결함이 있는 걸 스스로 판단해서 알려 준다고?"

이 자동차는 일반 자동차가 아니라 커넥티드 카이기 때문이지!

커넥티드 카가 날씨뿐만 아니라 대기 오염 정보도 매일 확인해 주는걸.

"정말이네! 자동차 화면에 미세 먼지 경보와 오염 정보가 적혀 있어."

그뿐만 아니라 자동차가 달리기 전에 정보 통신 기술과 교통 시스템이 지금 일어나고 있는 교통 정보를 주고받아. 도로 상태를 미리 분석해서 운전자에게 정보를 알려 줘. 길이 많이 막힌다면 다른 경로로 돌아가라고 말해 주겠지?

"커넥티드 카는 정말 대단해! 도대체 커넥티드 카가 뭔데 이렇게 다양한 일을 해낼 수 있는 거야?"

커넥티드 카는 자동차와 다양한 기기가 연결되어 실시간으로 통신이 가능한 자동차를 말해!

다른 차량과 보행자가 부딪히기 전에 경고 신호를 보내 주고, 실시간 교통 정보로 더 안전하고 편리하게 도로 위를 달릴 수 있는 거지. 완전 자율 주행차가 되기 위해서는 자율 주행 기술과 통신 기술이 서로 도와야 해!

커넥티드 카는 자동차에 다양한 통신 기술을 이용해서 인터넷과 차 그리고 다른 사물을 연결해. 그래서 커넥티드 카는 **거대한 사물 인터넷**이라고도 하지. 자동차 자체가

통신 기기가 되는 거야.

"듣고 보니 커넥티드 카는 꼭 타고 다니는 스마트폰 같아!"

띵동띵동!

방금 초인종 소리 들었어? 커넥티드 카가 방문자 정보를 메시지로 전달했어.

"어떻게 이런 일이 가능한 거지?"

사물 인터넷을 이용해서 메시지를 전달한 거지.

"사물 인터넷?"

> **사물 인터넷은 네트워크로 모든 사물을 연결해서 자유롭게 정보를 주고받는 기술이야.**

"커넥티드 카는 주변 사물과 엄청 친한가 봐!"

그럼. 커넥티드 카는 스마트 홈과 연결되어 모든 서비스를 이용할 수 있도록 도와줘. 출근길에 자동차에서 거실 조명도 끌 수 있게 도와줄걸. 주행하면서 집의 모든 기능을 제어하고 이용할 수 있다니 멋지지 않아?

"진짜? 자동차에서 바로바로?"

그럼! 완전한 자율 주행을 위해서 통신 기술을 연결한 커넥티드 카가 도움을 주는 거야.

"그런데 커넥티드 카는 전기차와 내연 기관차 상관없이 모두 적용되는 거야?"

맞아. 커넥티드 카는 모두 적용이 돼. 커넥티드 카는 인포테인먼트 시스템을 효과적으로 쓰게 도와줘.

"인포테인먼트?"

인포테인먼트란, 정보를 뜻하는 인포메이션과 오락을 뜻하는 엔터테인먼트가 합쳐진 말이야. 자동차가 움직이면서 필요한 모든 정보를 알려 주고 3D 네비게이션도 이용할 수 있어. 초대형 디스플레이로 자동차 안에서 화상 회의도 하고 인터넷 강의도 듣고 마법 쇼도 볼 수 있어.

"대단한데. 그럼 자동차 안에서 공연도 볼 수 있겠네? 움

직이는 콘서트장이 되겠어."

그뿐만 아니라 커넥티드 카는 탑승자가 따로 소프트웨어 업데이트를 진행하지 않아도 알아서 업데이트를 진행해. 그래서 자동차의 기능을 향상할 수 있지. 스스로 똑똑해지는 거야. 탑승자는 자동차에 타기만 하면 돼. 그럼 추가된 기능을 이용할 수 있을 거야.

"커넥티드 카는 뭐든 알아서 잘하는구나!"

맞아. 자동차가 사물 인터넷과 만나는 순간, 더는 이동만 하는 자동차가 아니야.

세상의 모든 요소를 하나로 편리하게 연결해 줄 거야.

똑똑한 도로

세상에! 자동차와 도로가 서로 대화한다고?

 그럼! 똑똑한 자동차에는 똑똑한 도로가 필수지. 미래에는 도로도 똑똑해져. 시멘트나 아스팔트로 포장된 단순한 길이 아니야. 말이 마차를 끌던 시절만 해도 아스팔트 도로는 상상도 못 했다지? 세상이 바뀌는 데는 10년도 걸리지 않았어. 미래의 도로는 우리를 위해 준비 중이야.

"와, 정말 놀라운데!"

똑똑한 도로를 차세대 지능형 교통 체계라고 하는데, 이는 자율 주행을 위한 핵심 기술 중 하나야. 자율 주행과 통신 기술이 만나 더 똑똑해져.

"어떻게? 변신이라도 하는 거야?"

> **스마트 도로와 자동차는
> 지금 일어나고 있는 교통 상황을
> 통신으로 계속 공유해.**

자율 주행차가 안전하게 도로를 달리도록 도와주는 거지.

스마트 도로는 커넥티드 시스템과 서로 협력하고 있어! 자율 주행 전용도로에서 가장 중요한 핵심 중 하나가 바로 통신 인프라야. 모두 무선 인터넷으로 연결되어 있지.

"커넥티드 시스템? 무선 인터넷? 그게 다 뭐야?"

간단하게 말하면 커넥티드 시스템과 무선 인터넷은 가까운 친구 사이라고 보면 돼. 이 둘이 힘을 모아서 자동차와 도로가 활발히 소통할 수 있도록 돕는 거야. 우선 **커넥티드 시스템**은 많은 양의 정보를 하나로 모아 큰 네트워크로 만드는 역할을 해. 스마트 도로에는 다양한 센서가 보행자와 자동차 그리고 도로에 있는 모든 것을 지켜보고 있어. 다양한 센서가 있는 만큼 보고 있는 것과 수집되는 정보도 많겠지? 이 정보들을 공유하지 않는다면 의미가 없어. 커넥티드 시스템은 정보를 공유하기 위해 각 센서가 수집한 정보를 하나로 모으는 역할을 해. 커넥티드 시스템이 정보를 모으면, 전송하는 역할은 누가 할까?

"음……. 무선 인터넷?"

빙고! **무선 인터넷**은 자율 주행차와 연결되어 무선으로 정보를 전달해. 그래서 탑승자와 자율 주행차가 실시간 도로의 교통 정보를 받을 수 있는 거야.

도로에 있는 표지판,
차선, 교통 신호등이
자동차와 연결되어서
곧바로 정보를 주고받아!

"대화를 나눈다는 게 전혀 상상이 안 가."

그럼 어떻게 대화하는지 더 자세히 말해 줄게. 우선 다양한 센서를 도로 시설 혹은 구조물에 설치해서 도로 상황을 관찰하고 감지해. 그리고 도로 상황을 모니터링하고 정보를 수집해서 자동차가 수월하게 주행할 수 있는 도로 환경을 유지하지.

"잠시만! 저기 건널목에 할머니와 아이가 있어. 신호가 얼마 남지 않았는데, 너무 위험해 보여."

걱정하지 마. 보행자 감지 센서가 대기 중인 차량에 신호를 보내거나 신호등이 알아서 시간을 더 늘려 줄 거야. 보행자는 더 안전하게 도로를 이용할 수 있고, 도로 위 자동차들은 위험 요소를 빠르게 감지할 수 있어.

또 센서는 지금 일어나고 있는 교통 상황을 관찰해서 길이 막히거나 사고가 나면 곧바로 자율 주행차에 알려. 도로 위를 달리는 자동차들은 서로 정보를 주고받으며 사고 현장을 피할 수 있어.

삐- 삐- 100미터 앞 공사 중이야!

차선을 변경해.
삐- 삐- 알겠어. 차선을 변경해서 갈게.

도로가 자동차에 통신을 보내. 네가 모르는 사이에 차들은 서로 대화하고 있어.

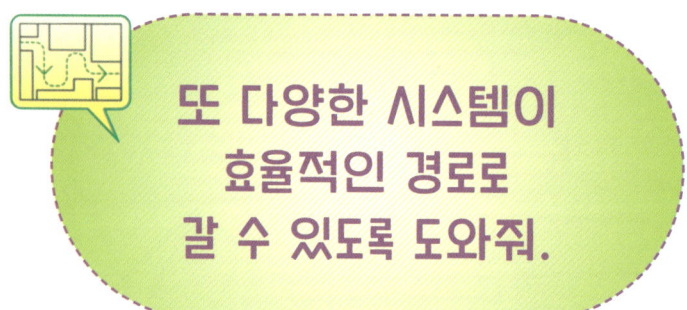

또 다양한 시스템이 효율적인 경로로 갈 수 있도록 도와줘.

만약 도로에 큰 사고가 발생하면, 긴급 구조 시스템이 자동으로 구조 요청을 해. 위급한 환자는 곧바로 병원에 갈 수 있고, 사고 현장을 더 빠르게 수습할 수 있지. 누군가가 보고할 필요가 없어. 시스템이 대신 도로와 관련한 기관에 보고할 거야. 스마트 도로는 탑승자와 보행자 모두 보호하고 도로 위에서 효율적으로 시간을 보낼 수 있게 도와줘.

"헉, 자동차에 배터리가 부족해. 근처에 충전소가 없어서 큰일이네. 얼른 달려!"

뭐라고? 그럴 필요 없어. 그냥 달리면 돼.

달리기만 해도 전기가 충전되는 스마트 도로니까!

"그런 일이 가능해? 도로에 충전기가 설치되어 있는 거야?"

맞아. 무선 충전 시스템을 이용해서 자동차가 주행하고 있을 때 자동으로 전기가 충전되는 거야.

"무선 충전 시스템? 아무리 생각해도 자동으로 충전된다는 게 믿기지 않아."

우린 이미 무선 충전 시스템을 활발히 사용해 왔어. 휴대전화와 스마트 워치 모두 무선으로 충전할 수 있는 건 알지?

"당연하지! 그럼 자율 주행차도 비슷한 원리로 충전이 된다는 거야?"

빙고! 도로에는 특별한 코일이 숨겨진 패드가 설치되어 있어. 자율 주행차 내부에도 코일이 설치되어 있지. 자율 주행차가 달리며 도로의 충전 패드와 무선으로 통신해.

> **자동차와 도로의 코일이
> 상호작용하며
> 전기 에너지를
> 무선으로 전송하는 거야.**

이때 전기가 자동차의 충전 패드로 전달되어서 자동차가 배터리를 충전할 수 있는 거야. 자동차가 주행하는 동안 반복해서 충전할 수 있어. 무선 충전으로 자동차의 연료를 걱정하지 않고 오래 주행할 수 있지. 탑승자도 연료 걱정이 없으니 더 편리하게 이동할 수 있어.

무선 충전은 교통 시스템과 환경에도 도움이 되고, 편리

한 도로 시스템을 만드는 데 큰 도움이 될 거야.

어때? 배터리가 자동으로 충전되고, 탑승자와 보행자 모두 안전하게 이용할 수 있는 도로. 더는 미래의 이야기가 아니야.

스마트 주차장

쉿! 비밀인데, 우리가 자동차를 소유할 수 있는 날이 얼마 남지 않았어.

"헉, 그럼 자동차를 어떻게 타고 다녀?"

다양한 사람이 자동차를 공유하는 거야!

24시간 내내 주행하지도 않는 자동차를 주차장에 세워 놓는 것보다, 필요할 때만 불러서 자동차를 사용하는 게 훨씬 효율적이야. 그렇게 된다면 탑승자가 부담할 요금도 많이 줄어들 거야. 자동차를 이용한 만큼 비용을 지불하면 되는 거지. 그렇게 된다면 주차장에 공간이 없어서 싸우는 일도 사라질 거야. 자율 주행차의 시대가 오면 도로에 교통 혼잡이 줄어들어.

"잠시만. 자율 주행차를 공유한다고? 렌터카를 빌리는 과정이 꽤 번거롭던데. 무엇보다도 내가 원래 타던 자동차가 아니어서 불편했어."

자율 주행차를 빌리는 데 복잡한 과정은 필요 없어. 네가 자율 주행차를 이용하고 싶으면 미리 신호를 보내 놔. 그럼 자율 주행차가 알아서 집 앞까지 너를 데리러 달려올 거야.

반납하는 것도 문제없어. 네가 집 앞에서 내리면, 자동차는 알아서 반납 장소로 움직일 거니까. 그리고 네가 자율 주행차에 타는 순간 탑승자에 맞춰서 기능이 조절되면 따로 기능을 조절하거나 연결할 일은 없을 거야.

자율 주행차가 늘어날수록 인공지능 기술과 같은 소프트웨어 시스템이 더 중요해질 거야. 공유 자동차의 성능은 비슷할 테니까.

자동차를 공유하니까 주차장과 도로에 공간이 남겠네?

빙고! 스마트 주차장은 최소한의 공간으로 최대의 효과를 낼 거야. 자동차를 세워 둘 장소가 부족하지 않게 되고, 불필요한 에너지도 줄일 수 있어.

"와! 자동차가 도로 위를 달릴 때 나오는 오염 물질이 줄어드니까 환경에도 큰 도움이 되겠어. 엄청나게 기대되는걸. 그럼 주차장이 사라진 자리에 무얼 만들까?"

어쩌면 그 공간에 스마트팜이 들어올 수도 있어. 주변 환경에 영향을 받지 않는 스마트팜은 사람들의 식량을 책임지지. 꼭 스마트팜이 아니어도 사람들에게 도움이 되고 편리함을 주는 공간으로 새롭게 꾸며질 거야. 더 쾌적한 환경에서 사람들은 공간을 더 효율적으로 사용할 수 있어.

목적지에 도착했어!

"우리가 타고 온 저 자율 주행차는 어디로 가는 걸까?"

주차장으로 가는 거야. 커넥티드 카가 스스로 주차 자리를 찾아서 미리 주차 공간도 예약해.

"어떻게?"

> **주차장과
> 정보 통신 기술이 결합해서
> 스스로 주차 자리를
> 찾아가는 거야.**

정보 통신 기술은 정보 기술과 통신 기술이 만난 새로운 형태의 디지털 기술을 말해. 주차장 정보도 인터넷과 연결된 주차장이 미리 알려 준 거야. 기술이 발전할수록 많은 정보를 더 빠르고 안정적으로 보낼 수 있어. 주차장과 자율 수행차는 인터넷으로 연결되어 모든 대화를 마쳤어. 여기는 바로 스마트 주차 시스템이 설치된 주차장이니까.

"저길 봐! **주차 로봇**이 자동차를 들어 나르고 있어! 자동차를 지정된 자리로 이동시키려나 봐."

스마트 주차장에서는 주차 공간을 찾아서 헤맬 필요가 없어. 빙글빙글 돌면서 자리를 찾아다닐 필요가 없지. 시간도 아끼고 환경 오염도 줄겠지?

"자동차의 주행 거리도 짧아지겠다. 자동차를 많이 이용하는 지역에는 자율 주행차를 보관하는 주차장을 더 많이 만들어야겠는데?"

맞아. 이제 주차장을 보여 줄게. 가까이에서 보면 꼭 자동차 판매점 같아. 주차장에서 세차도 하고 수리도 하고 충전도 끝냈어.

"주차장 지붕도 낮은데?"

자율 주차로 주차장에서 자동차를 타거나 내리는 사람이 없어. 그래서 주차장 천장도 자동차가 들어갈 높이로만 제작되어 낮을 거야. 미래의 주차장은 더는 탑승자만을 위한 공간이 아니야. 자동차을 이용하는 이용자를 위한 곳으로 탈바꿈할 거라고!

미래의 주차장은 공유 차량을 관리하는 데 집중해서 서비스를 개선할 거야.

자율 주행차와 함께 주차장도 더욱 똑똑해질 테니까!

로봇이 배달하는 떡볶이

"킁킁. 이게 무슨 냄새지? 달콤한 떡볶이 냄새가 나네? 저 길 봐! 바퀴 달린 아이스박스처럼 생겼는데?"

자율 주행 배달 로봇이 음식을 배달하는 중이야!

"울퉁불퉁한 골목길이 많아서 배달이 잘될까 걱정이네……."

걱정하지 마. 경사면과 방지턱 그리고 굴곡 있는 계단도 문제없어. 자율 주행 배달 로봇의 바퀴와 보조 바퀴가 안전한 주행을 도울 거야. 전동 휠체어처럼 말이야.

"대단해! 정말 사람처럼 요리조리 잘 피해서 오고 있잖아. 공원과 거리 그리고 학교 안에서도 자유롭게 돌아다녀. 그런데 어떻게 길을 찾아갈까?"

로봇에 달린 다양한 센서와
GPS가 알아서 길을 안내해!

"센서와 GPS? 자율 주행 로봇도 자율 주행차처럼 센서와 GPS가 있구나!"

맞아. 내가 했던 말을 잘 기억하는구나? 자율 주행차에 적용되는 기술과 기능은 비슷해. 쓰이는 곳의 차이만 있어.

> **자율 주행 배달 로봇에
> 설치된 위치 추적 카메라,
> 고성능 카메라와
> 레이더 센서가
> 도로 상황을 인지해.**

"그럼 자율 주행 배달 로봇이 내 위치를 어떻게 알고 오는 거야?"

GPS 기능을 활용해야지! 인공위성에서 나오는 전파가 내 위치까지 도달하는 시간을 분석해서 정확한 내 위치를 알려 줄 거야.

"이런, 시커먼 먹구름이 하늘을 뒤덮었어. 자율 주행 배달 로봇이 배달지에 가려면 지하도와 터널을 지나야 하는데, GPS 신호가 끊기면 어쩌지?"

GPS 신호가 끊겨도 끄떡없어. 다른 보조 장치들이 배달 로봇이 가는 길을 보여 줄 테니까. 위치 추적 카메라 센서를 통해 스마트폰에 실시간으로 이동 거리가 표시되고 있어!

땡동!

자율 주행 배달 로봇이 물건을 배달했어. 안면 인식을 끝냈어? 그럼 물건을 꺼내기만 하면 돼. 안면 인식 외에도 다양한 방법으로 물건을 받을 수 있어.

"헉, 그래도 다른 사람이 내 물건을 가져갈까 봐 무서운데?"

걱정하지 마. 보안을 철저히 해서 누가 네 물건을 가져가려고 해도 배달 로봇 뚜껑이 열리지 않을 거야. 게다가 엄청나게 큰 경고음이 울려서 함부로 물건을 가져갈 수 없어.

"저 로봇 좀 봐! 사람처럼 서서 가잖아. 무거운 택배 상자를 들고 가네?"

도시에는 다양한 배달 로봇이 넘쳐나.

로봇이 배달하는 물건은 점점 더 많아질 거야. 배달을 오다가 짜장면이 쏟아지거나 사고가 나서 한참 기다리는 일은 없을 거야. 다양한 집을 오가며 배달하는 자율 주행 로봇을 쉽게 볼 수 있는 날이 오는 거지.

"시골에 사는 할머니, 할아버지 그리고 섬에 사는 사람들에게도 큰 도움이 되겠는데?"

할머니, 할아버지가 직접 마트에 갈 필요가 없어. 또 배달

을 오래 기다려야 하는 서비스도 필요 없지. 자율 주행 배달 로봇은 주문한 즉시 재빠르게 배달하니까.

섬에 사는 사람들도 배달을 초조하게 기다리는 일이 사라질 거야. 섬으로 배달을 가려면, 지상 자율 주행 배달 로봇과 드론이 같이 일해야 해.

드론은 날 수 있는 대신, 사람이 빽빽하게 모여 사는 곳에서는 기능이 제한되어 있어. 또 지상 자율 주행 배달 로봇은 비행하는 데 무리가 있지. 드론과 지상 자율 주행 배달 로봇이 같이 일하면 더 좋은 효과를 낼 수 있어.

똑똑한 드론과 자율 주행 배달 로봇이 집 앞까지 빠르고, 안전하게 배송할 거야. 우리는 방에서 도착 알림을 받고 물건을 받으면 되는 거지.

"와, 빨리 자율 주행 배달 로봇을 만나 보고 싶어! 어, 저기 달리고 있는 빨간 자동차는 뭐지? 우체국 로고가 달려 있는데?"

자율 주행 이동 우체국이야. 택배를 보내거나 우편을 보낼 때도 우체국에 갈 필요가 없어. 내가 원하는 장소와 시간에 맞춰 알아서 배달이 올 거야.

"누가 내 편지를 훔쳐보면 어떡해?"

그런 걱정은 넣어 둬. 사람이 배달하지 않는 대신, 그만큼 보안을 철저히 할 테니까. 우편물을 받을 때, 택배 함에 비밀 번호만 입력하면 돼. 무거운 택배는 로봇이 배송할 거야. 우체부가 과로로 쓰러지는 일은 사라지는 거지.

"인건비도 훨씬 줄어들겠다."

배달은 로봇에게 맡겨. 사람은 조금 더 생산적인 일에 집중할 수 있겠지?

**배달에도 혁신이 일어나.
배달의 민족을 돕는 건
자율 주행 로봇이 될 거야!**

스마트 시티로 가자!

"저길 봐. 드론이 새처럼 날아다녀. 도로에는 팽이처럼 생긴 자동차들이 달리고 있네? 여기도 센서, 저기도 센서 사방에 센서가 가득해."

어서 와. 여긴 인공지능이 살아 있는 스마트 시티야.

스마트 시티란 도시에
정보 통신과 빅 데이터 같은
새로운 기술을 접목한 도시를 말해.

도시 문제를 해결하면서 지속 가능한 도시를 만드는 게 목표야.

"와, 딱 내 스타일이야."

신이 사람을 창조하고, 사람은 인공지능을 창조하고, 인공지능은 스마트 시티를 더 똑똑하게 꾸며 가지. 스마트 시티 안에서는 빅 데이터를 활용한 교통 시스템 덕분에 교통 체증이나 자동차 사고가 줄어들어. 대중교통이 더욱 확대되어 매연 배출량 감소를 도와줘. 대기 오염을 예방하고 개선하는 데 많은 도움이 되는 거지!

"와, 멋진데? 얼른 스마트 도시를 보고 싶어."

이제부터 천천히 스마트 시티를 둘러보자. 바로 앞에 큰 빌딩 보여? 저곳은 에너지 저장 단지야. 에너지를 저장해 두었다가 필요한 시점에 공급하거나 에너지 공급이 불안정할 때 안정적인 에너지 공급을 유지할 수 있도록 도움을 줘.

"에너지 저장 단지가 정말 중요한 역할을 하고 있구나. 그나저나 스마트 도시에는 쓰레기가 하나도 없네? 도시 전체가 대청소라도 한 듯 엄청 깨끗해."

자율 주행 쓰레기통 로봇이 부지런히 움직인 결과야.

먼저 쓰레기통 로봇이 인공지능과 센서로 거리의 쓰레기통 위치를 정확히 파악해. 쓰레기통 상태를 관찰한 후, 알맞은 양 이상의 쓰레기가 쌓이면 곧바로 거두어 가. 쓰레기통 로봇이 있으면 도시에 굴러다니는 쓰레기가 없을 거야. 각종 사고를 유발하는 쓰레기가 없으니 사고도 많이 줄어들겠지?

"깨끗한 도로가 유지된다니 너무 좋아. 헉, 저길 봐. 자율 주행 순찰 로봇이 심야 골목을 순찰하고 있어!"

맞아. 스마트 도시에서 보안을 걱정할 필요 없어. 자율 주행 순찰 로봇이 거리를 24시간 촬영하고, 촬영한 영상은 관제탑에서 관찰할 거야. 스스로 도로를 순찰하기에 사고나 범죄 예방에 효과가 있지.

자율 주행 순찰 로봇이 360도 카메라로 도시의 구석구석을 촬영해.

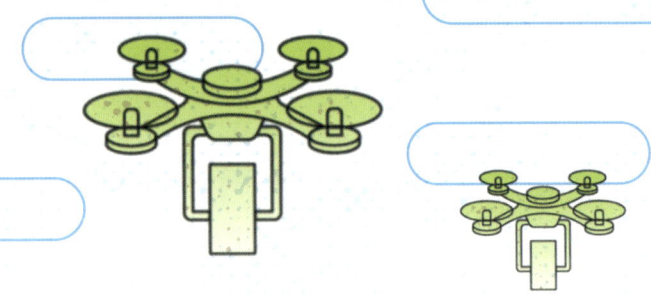

"와, 자율 주행 순찰 로봇 덕에 늦은 시간에 퇴근하는 직장인은 걱정을 덜 수 있겠다."

그렇지. 스마트 도시에서는 어두운 골목길도 안심하고 다닐 수 있어.

"저 건물을 좀 봐. 불이 나서 연기가 가득해. 얼른 119에 연락해야겠어!"

걱정하지 마. 이미 자율 주행 소방차와 구급차가 오고 있는걸? 더는 복잡한 도로와 좁은 골목길을 걱정하지 않아도 돼. 자동차에 달린 센서가 좁은 골목길과 후진 주행을 도와 줘! **V2X**(vehicle to everything)를 활용해서 주변 차량에 긴급 메시지를 미리 전달해. 그러면 자동차들이 알아서 옆으

로 비켜 줄 거야.

"V2X가 뭐야?"

> **V2X는
> 도로상의 모든 사물이
> 통신으로 정보를 교환하고
> 공유하는 기술을 말해.**

V2X로 안전하고 빠르게 주행할 수 있어. 차량이 중심이 되어 유무선 망이 실시간으로 도로 정보를 빠르게 제공하는 게 핵심이야.

V2X는 도로 위 신호와 자율 주행 소방차가 상호작용 할 수 있도록 도와. 자율 주행 소방차가 긴급 상황임을 알리면 임의로 신호를 변경하거나 특정 구역을 잠시 제한할 수도 있지.

"와, 정말 똑똑한 기술이다! 자율 주행 소방차가 도로에

진입하기 전인데, 자율 주행차들이 미리 신호를 받아 갓길로 이동하고 있어. 자동차와 통신은 떼려야 뗄 수 없겠다."

> 그럼!
> 자율 주행차의 안전과 편리함이
> V2X의 목적이니까.

"와, 저기 봐. 꼭 거대한 경기장 같아. 층마다 헬리콥터 같은 자동차가 줄지어 있잖아!"

저곳은 하늘을 나는 자율 주행 택시 전용 승강장이야. 보통 플라잉 택시라고 부르는데, 이 택시를 이용하면 나양한 이점이 있어.

우선 지상 도로를 이용하는 것보다 훨씬 빠르게 이동할 수 있어. 지상 도로가 부족한 지역에서는 하늘 위로 이동해서 안전하고 빠르게 목적지에 갈 수 있지.

"헉, 그런데 하늘 위를 날아다니면 비용이 만만치 않겠는

데?"

비용은 점점 줄어들고 있어. 다른 대중교통에 비해 비용이 더 들지만 그만큼 도움이 되는 점도 많아. 덕분에 많은 사람이 이용하는 이동 수단이 되었지.

스마트 도시에서 자율 주행이 어떻게 활용되고 있는지 잘 봤어?

"응, 너무 흥미로웠어. 마치 도시가 살아서 움직이는 듯해. 모든 사람이 효율적으로 시간을 보내고, 안전하고 쾌적한 환경에서 살고 있는 것 같아."

맞아. 다양한 기술이 우리 삶을 더 풍부하게 만들어 줘. 다만 우리가 조심하고 경계해야 할 부분도 많아.

우선 우리가 인공지능을 통해 새로운 자유를 얻게 된 만큼 우리는 그 자유에 관해 책임지려는 자세를 가져야 해. '지금, 현재'도 중요하지만, 다음 세대에도 유용한 기술일지 고민해야 해.

기술을 개발하는 과학자, 개발자 또한 마찬가지야. 기술이 발전하며 삶은 더 밝게 빛나는 듯하지만, 빛이 있으면 어둠도 있듯 뒤따라올 단점과 세상에 영향을 미칠 부분까지도 생각해야 해. 사람을 위해 기술이 발전하는 거지, 기술의 발전을 위해 사람이 있는 건 아니야. 우리는 이러한 사실을 늘 생각하고 있어야 해.

잊지 마! 인공지능이 아무리 똑똑해도 인공지능을 만든 건 사람이라는 걸. 사람의 정체성과 윤리 의식은 어떤 순간이 와도 잊으면 안 돼. 겁을 주려고 한 이야기는 아니야. 우리가 이런 사실을 정확히 알고 경계하는 마음을 가지고 있다면, 분명 더 나은 선택을 해서 멋진 세상으로 나아갈 거야.

같이 가자, 미래의 멋진 스마트시티로!

작가의 말

여러분은 미래를 상상해 본 적 있나요? 미래라는 단어를 들으면 어떤 모습이 먼저 떠오르나요? 미래에는 SF 영화의 한 장면처럼 첨단 기술 시스템이 갖춰진 도시에서 사람과 인공지능 로봇이 함께 생활할지도 몰라요.

저는 『로봇 자동차』 책을 쓰면서 우리 친구들에게 완전 자율 주행차를 소개하는 게 설레고 흥미로웠어요. 여러분은 곧 인공지능 시대를 살게 될 테니까요. 인공지능 로봇이 거리를 활보하고, 하늘에는 드론 택시가 땅에는 배달 로봇이 거리를 활보하고 다니는 미래를 말이에요.

완전 자율 주행차 시대가 오면 자동차는 단순히 이동 수

단의 역할만 하지 않을 거예요. 자동차에서 영화도 보고 회의도 하고 공부도 할 수 있는 똑똑한 자동차의 시대가 올 거예요. 어쩌면 먼 미래가 아닐 수도 있어요. 이야기만 들어도 설레지 않나요?

자, 그럼 『로봇 자동차』는 어떤 첨단 미래 기술로 여러분을 상상의 나라로 안내할지 호기심 가득한 마음으로 함께 읽어 볼까요. 혹시 알아요? 이 책을 읽은 여러분 중 세계를 이끄는 미래 자동차 공학자가 탄생할지?

이 책을 쓰는 데 아낌없이 응원과 도움을 준 남편과 딸 예나, 자음과모음 편집부 식구들에게 감사의 마음을 전합니다.

2023년 여전히 멋진 미래를 상상 중인
동화 작가 이명희

로봇 자동차

ⓒ 이명희·정민호, 2023

초판 1쇄 인쇄일 2023년 11월 1일
초판 1쇄 발행일 2023년 11월 15일

지은이   이명희
그린이   정민호
펴낸이   정은영
편집   윤채완 정사라 서효원
디자인   연태경
마케팅   이언영 연병선 한정우 최문실 윤선애
제작   홍동근

펴낸곳   (주)자음과모음
출판등록 2001년 11월 28일 제2001-000259호
주소   (10881) 경기도 파주시 회동길 325-20
전화   편집부 02) 324-2347 경영지원부 02) 325-6047
팩스   편집부 02) 324-2348 경영지원부 02) 2648-1311
E-mail   jamoteen@jamobook.com

ISBN   978-89-544-4975-5 (74500)
         978-89-544-4973-1 (set)

잘못된 책은 구매처에서 교환해 드립니다.